BEI GRIN MACHT SICH IHR WISSEN BEZAHLT

- Wir veröffentlichen Ihre Hausarbeit,
  Bachelor- und Masterarbeit

- Ihr eigenes eBook und Buch -
  weltweit in allen wichtigen Shops

- Verdienen Sie an jedem Verkauf

Jetzt bei www.GRIN.com hochladen
und kostenlos publizieren

Sabine Wittig

Aus der Reihe: e-fellows.net schüler-wissen

e-fellows.net (Hrsg.)

Band 21

Parabelanalyse: Günter Kunert, Zwei Parabeln: "Die Schreie der Fledermäuse" und "Die Maschine"

GRIN Verlag

Bibliografische Information der Deutschen Nationalbibliothek:

Die Deutsche Bibliothek verzeichnet diese Publikation in der Deutschen National-
bibliografie; detaillierte bibliografische Daten sind im Internet über http://dnb.d-
nb.de/ abrufbar.

Impressum:

Copyright © 2011 GRIN Verlag GmbH
Druck und Bindung: Books on Demand GmbH, Norderstedt Germany
ISBN: 978-3-656-54266-7

Dieses Buch bei GRIN:

http://www.grin.com/de/e-book/264139/parabelanalyse-guenter-kunert-zwei-
parabeln-die-schreie-der-fledermaeuse

GRIN - Your knowledge has value

Der GRIN Verlag publiziert seit 1998 wissenschaftliche Arbeiten von Studenten, Hochschullehrern und anderen Akademikern als eBook und gedrucktes Buch. Die Verlagswebsite www.grin.com ist die ideale Plattform zur Veröffentlichung von Hausarbeiten, Abschlussarbeiten, wissenschaftlichen Aufsätzen, Dissertationen und Fachbüchern.

Besuchen Sie uns im Internet:

http://www.grin.com/

http://www.facebook.com/grincom

http://www.twitter.com/grin_com

Günter Kunert: Zwei Parabeln: Die Schreie der Fledermäuse; Die Maschine

In den zwei Parabeln „Die Schreie der Fledermäuse" und „Die Maschine" von Günter Kunert handelt es sich jeweils um eine Minderheit bzw. etwas Wertloses, die beide durch Einschränkung der Überlegenen oder durch fehlende Zulage an Macht und an Wert gewinnen.

Worum geht es in der jeweiligen Parabel? Bei „Die Schreie der Fledermäuse" wird beschrieben, wie sich Fledermäuse überhaupt orientieren: „Sie schreien laut, aber ihr Schreien wird nur von ihresgleichen gehört. [Sie] [...] werfen ein Echo zurück, [...] und das ihnen meldet [...]". (Z. 2 – 5 ff.). Demnach stoßen sie so hohe Ultraschalltöne aus, sodass diese von unserem menschlichen Gehör nicht mehr wahrgenommen werden können. Diese Töne werden „nur von ihresgleichen gehört", zudem erkennen sie am Echo, ob ein Hindernis vor ihnen liegt oder nicht. Würde man ihnen nun „die Stimme", den Ultraschall, wegnehmen, so „finden sie keinen Weg mehr", sie würden überall anstoßen und schließlich tot zu Boden fallen. Demnach hätten sie keine andere Chance mehr. Der letzte Satz „Ohne sie nimmt [...] überhand [...]: Das Ungeziefer" (Z. 7-8 ff) sagt aus, dass ohne die Fledermäuse, sich die vielen kleinen Insekte vermehren und ausbreiten können, da ja ihr natürlicher Feind, die Fledermaus, nicht mehr vorhanden ist.

Die zweite Parabel „Die Maschine", beschreibt dagegen eine wundersame Maschine, die „stampfend, gefahrvoll, monoton und reichlich übertrieben [arbeitet]" (Z. 3 ff), zudem wird sie als „Monument des Zeitalters" (Z.2) bezeichnet, was deutlich macht, dass es sich hierbei um etwas ganz Besonderes und Unentbehrliches handeln muss. Die Faszination des Wunderwerkes wird weiter beschrieben „ein wundervolles System blitzender Räder, blinkender Kolben [...] sich senkender Wellen" (Z. 7-8 ff). Dann passiert etwas Unerwartetes, in diesem wundervollen Werk „war ein menschliches Teil, das wie von Schimmel überzogen schien [...] und arhythmetisch regte." (Z. 8-10) Bei der Maschine handelt es sich laut der Beschreibung höchstwahrscheinlich um eine Dampfmaschine, denn diese wird ja mit Unermüdlichkeit und Dauerhaftigkeit in Verbindung gesetzt. In diesem Falle stellt der aus einer Öffnung heraustretende

Wasserdampf das „unansehliche Teil" dar, da er von weiß über grau bis hin zu einem sehr dunklen grau variieren kann und die Farbe an Schimmel erinnert. Des Weiteren steht die Maschine um die Mittagszeit still, es entweicht kein Wasserdampf mehr und somit erweist sich „das billigste [...] und das am schlimmsten vernachlässigte [Teil]" als „das teuerste [...] scheinbar ersetzliche" (Z. 14 – 16). Wenn dieses „kaputtgeht" (Z. 16), dann fehlt der nötige Antrieb und „[es] wird [...] nicht lange dauern, bis über den Beton Gras gewachsen ist" (Z. 16 – 17). Damit ist gemeint, dass etwas nicht vollendet bzw. ausgeführt wird.

Sprachlich fällt auf, dass beide Texte Partizipien aufweisen, die jeweils eine etwas andere Bedeutung für die jeweilige Parabel haben, bei der ersten zeigen sie durch „verfallende Kirchtürme" (Z. 3), „überall anstoßend" (Z. 6) und „gegen (die Wände) fahrend" (Z.7) jeweils die Unausweichlichkeit der Folge auf, das heißt, was auf jeden Fall passiert, wenn der Ultraschall ihnen genommen wird oder dass „verfallende Kirchtürme" unausweichlich einstürzen werden. Bei der zweiten Parabel verdeutlichen sie die andauernde, fleißige und fortwährende Arbeit der Dampfmaschine, die „stampfend" (Z.3) und mit „sich hebender und senkender Wellen" (Z.8) arbeitet. Beide Parabeln sind im Indikativ und im Aktiv geschrieben und werden von einem auktorialen Erzähler erzählt. Ebenso sind sie hypotaktisch geschrieben. Aber es gibt auch einige Unterschiede, die erste Parabel ist komplett im Präsens geschrieben, die zweite dagegen im Präteritum. Während die erste doch eher recht kurz gehalten ist, ist die zweite etwas ausführlicher, nicht zuletzt durch Aufzählungen („stampfend, gefahrvoll, monoton und reichlich übertrieben", Z.3) und durch die vielen Adjektive, die das „plumpe" Teil von dem Rest des „wundervollen System(s)" (Z.7) noch mehr differenzieren und konvergieren lassen.

Möglicherweise sollen die Fledermäuse in der ersten Parabel für die Politiker oder eben allgemein für die Oberschicht einer Gesellschaft stehen, denn wenn ihnen das Geld fehlt oder die notwendige Redekunst, so sind sie sozusagen „tot", sie können nichts mehr gegen die Kleinen ausrichten, weil sie sie nicht mehr in der Hand haben, zum Beispiel können sich die Unteren aus der Abhängigkeit des Geldes lösen.

Andererseits könnten die Fledermäuse ebenso Außenseiter darstellen, die eine Einschränkung haben (beispielsweise eine Behinderung) und sich daher auf ihre anderen Sinne und vor allem auf ihr Umfeld verlassen müssen. Wird ihnen aber stattdessen noch das genommen, was sie haben (restliche Sinne, Umfeld) so sterben sie und die Gesunden triumphieren.

In der zweiten Parabel wird allgemein ein wundervolles System dargestellt, es scheint perfekt zu sein, doch es wird später auch deutlich, dass es daran ein hässliches Teil gibt, welches für die Funktion des Systems wichtig ist und daher trotz der Äußerlichkeit wertvoller als der Rest ist. Dies ist vergleichbar mit einem Schloss. Alles sieht schön aus, alles ist hergerichtet und aufgeräumt und dies nur, weil eine unscheinbare, sie muss nicht einmal hässlich sein, Putzfrau oder Dienstmädchen dahintersteckt. Ebenso wäre denkbar, dass die zweite Parabel zum Ausdruck bringen will, dass etwas nur als Ganzes funktioniert und es nicht auf das Aussehen ankommt, also jeder ein Talent hat und es gezielt anwenden sollte. Ferner käme noch eine weitere, gewagtere Möglichkeit für beide Parabeln infrage, nämlich, dass sie beide einen von den beiden Weltkriegen, wahrscheinlich eher den zweiten darstellen, „das Ungeziefer" (Z.8) ist dann auf jeden Fall Hitler und die Fledermäuse sind die Deutschen bzw. die Juden. In der ersten Parabel wird daher Kritik ausgeübt, in der zweiten könnte gar eine Aufforderung an das Volk sein, die sagt, „Mach mit, ohne dich funktioniert es nicht!", worin man zu einem Teil des Systems wird, welches ohne ein fehlendes Teil nicht funktionieren würde. Vielleicht wurde damit das Volk zu einer Auflehnung aufgefordert. Schon der Titel „Die Schreie der Fledermäuse" vor allem das „Die" am Anfang lassen vermuten, dass es eher um etwas Negatives als Positives handeln wird, sonst hätte es ja auch beispielsweise „Warum nutzen Fledermäuse Ultraschallwellen zur Orientierung" heißen können.

Obwohl sich die beiden Parabeln besonders durch Tempus unterscheiden, weisen sie dennoch sehr viele Gemeinsamkeiten auf, sie haben beide genau drei Partizipien, die allerdings eine andere Aussage in der jeweiligen Parabel machen. Dass sie beide im Indikativ geschrieben sind, verdeutlicht nur, dass wir es mit einer realen Situation zu tun haben. Jetzt kann man sich die Frage stellen, ob es etwas zu bedeuten hat, dass die sonst sehr ähnlichen Parabeln sich ausgerechnet in der Erzählzeit unterscheiden. Die zweite könnte damit aufzeigen, dass bereits früher dies gegolten hat und der letzte Satz macht deutlich, dass wirklich alle dazu aufgefordert sind da sonst alles wie zuvor ist und in Vergessenheit gerät. Die erste soll die „aktuelle" Situation aufzeigen, in der sich die Deutschen gerade befinden. Die beiden Parabeln ergänzen sich somit, indem die erste sagt, um was es geht und wie die Lage ist, während die andere die Lösung oder einen möglichen Lösungsweg als Forderung vorgibt. Für die Aufforderung spricht außerdem noch die Ausführlichkeit. Beide Parabeln sind zudem noch doppeldeutig, sodass es vorstellbar wäre, dass diese während des zweiten Weltkrieges geschrieben wurden und dann auch erschienen, denn Kunert hätte sich ja wehren können, dass er ja nur etwas über Fledermäuse und etwas über das wundervolle System der Dampfmaschine geschrieben habe. Obgleich der zweite Teil in Präteritum geschrieben ist, besitzt er genauso Gültigkeit wie der Erste, auch heute noch, denn mit dem Ungeziefer können die Politiker und mit der Dampfmaschine Streiks oder Demonstrationen oder ähnliches assoziiert werden.

Die beiden Parabeln von Günter Kunert sind ein gutes Beispiel, wie man mit Gemeinsamkeiten und wenig Unterschieden zwei völlig in der Aussage voneinander abweichende Sachverhalte aufzeigen und vermitteln kann.